AF248490

LE SUFFRAGE UNIVERSEL

EST-IL

AU-DESSUS DE LA RÉPUBLIQUE?

QUESTIONS DU TEMPS.

LE SUFFRAGE UNIVERSEL

EST-IL

AU-DESSUS DE LA RÉPUBLIQUE?

QUESTIONS DU TEMPS

PAR

Édouard TROUESSART.

ANGERS

IMPRIMERIE DE J.-T. DUMONT.

1871.

LE SUFFRAGE UNIVERSEL

EST-IL

AU-DESSUS DE LA RÉPUBLIQUE ?

QUESTIONS DU TEMPS.

§ I.

Les peuples, dans leur existence, sont, comme les individus, exposés à des crises terribles qu'on pourrait dire suprêmes. Le vertige, le trouble qui précèdent la mort s'emparent de toutes les intelligences ; les notions du bien et du mal s'y heurtent confusément ; on dirait que la vie animale a seule gardé ses instincts, toujours mauvais, quand la raison ne les dirige pas ; les foules surgissent on ne sait d'où, comme des troupeaux de bêtes fauves et se ruent les unes sur les autres, féroces ou inconscientes ; parfois elles s'affolent et vont à l'abîme pour éviter le danger. Le délire amène les effarements et les peurs de l'inconnu ; c'est l'heure propice aux sauveurs et aux charlatans ; les esprits les plus fermes sont envahis par le doute, ils se demandent si la voie suivie a été la bonne, et parfois ce cri d'angoisse leur échappe : Vertu, tu n'es qu'un nom ! cri de l'orgueil et du désespoir que Caton laisse entendre en se donnant la mort et contre lequel Socrate proteste en buvant la ciguë que lui envoyaient ses juges.

Chez l'individu, la crise sauve ou emporte le malade ; le reste est l'affaire de la convalescence ou du fossoyeur.

Chez les peuples, quand leur mission n'est pas encore terminée il en est autrement, car tout peuple à sa mission, comme apôtre ou soldat de la civilisation ; c'est la loi de l'humanité. Si dans les contingents infinis il est condamné à être absorbé ou à disparaître, il n'a pas le pouvoir de se suicider.

Les convulsions les plus terribles pourront remuer profondément les bases sur lesquelles ils ont assis leurs gouvernements, entasser les ruines sur les ruines, la guerre civile sur la guerre d'invasion, et dans l'ordre moral, les utopies sur les traditions, la démoralisation sur la foi, les empires sur les monarchies..... Pour les foules ignorantes, dérangées dans leur superstition, dans leurs habitudes, dans leur bien être, c'est le désordre, c'est l'anarchie; pour les ambitions voraces qui attendent le moment où elles pourront, comme des oiseaux de proie, fouiller les ruines et se repaître, c'est l'heure de butin.

Pour ceux qui ne désespèrent jamais de la vérité et de la justice, pour les croyants et les clairvoyants, c'est l'orage qui dévaste et déracine parfois, mais qui purifie l'atmosphère saturée de miasmes, c'est l'inondation qui dépose son fécond limon, c'est l'enfantement douloureux d'une ère nouvelle dont ils saluent l'avénement.

Sans doute la France a bien souffert; elle souffre encore et souffrira longtemps peut-être; mais elle sortira de cette crise sociale purifiée et régénérée, car elle porte en ses flancs une richesse productive qui rend tous les autres peuples ses tributaires; car elle a pu être vaincue et démembrée, mais on ne saurait arracher de son front sa couronne de reine des nations civilisées.

Sans doute les idées malsaines continue-
ront de l'agiter sourdement, parce que les
passions des individus sont le mal qui tra-
vaille les sociétés ; et il en sera toujours
ainsi jusqu'à ce que la superstition dispa-
raisse pour faire place à la raison, et que
l'instruction, apprenant la dignité au tra-
vail, vienne habituer les masses au régime
de la liberté et de la justice.

Etait-il d'ailleurs possible que ce qui est
arrivé n'arrivât pas après les vingt années
d'abaissement moral que nous avons pas-
sées sous ce régime de corruption cynique,
d'égoïsme brutal que l'empire nous avait
imposé ? L'usurpation se disait appelée par
la Providence à raffermir la société en ras-
surant la famille, la religion, la propriété,
grands mots que ceux qui oublient si faci-
lement le respect de la famille, les précep-
tes de la religion qu'ils recommandent, et
qui ne considèrent la propriété que comme
un moyen de satisfaire leurs appétits gros-
sières, ont toujours sur les lèvres comme
un défi jeté à l'opinion publique qui n'ose
même pas les mépriser.

Tous les mauvais appétits avaient été
surexcités. On exaltait le bon sens, le pa-
triotisme des paysans, et on ne faisait rien

pour les arracher à l'ignorance. On disait bien haut que l'on se préoccupait, avant tout, des classes ouvrières, et l'on se bornait à ouvrir partout de vastes ateliers nationaux ; on flattait, on amusait le prolétaire, et l'on ne faisait rien pour le moraliser, au contraire : la dépravation circulait, tête levée, avec l'estampille officielle ; la chanson obscène ricanait au théâtre, aux cafés concerts, dans la rue, mais on proscrivait la *Marseillaise*. On défendait *Ruy-Blas*, mais on autorisait la *Belle Hélène* et le *Petit Faust*. On distribuait les titres, les places non aux plus dignes mais aux plus serviles. L'argent était tout. L'honnêteté et le désintéressement étaient bafoués comme des niaiseries ; la fortune, quelle qu'en fût la source, les livrées des courtisans et les broderies des fonctionnaires donnaient seules la considération. La considération ne venaient que d'en haut, et c'était là que siégeaient l'immoralité et les hontes bues ; si bien que la bassesse luttait avec l'hypocrisie quand on voulait parvenir, sauf à se dédommager par l'insolence et l'impudence, quand on regardait derrière soi ou au-dessous de soi.

Tous les instincts de la convoitise, de

l'ambition sans dignité , de l'âpre gain étaient en rut, et tout cela a fini par un tremblement qui a rejeté à la surface toutes les monstruosités, toutes les hideurs des bas fonds.

Et ce qu'il y a de profondément triste dans tout cela c'est que ce sont toujours les mêmes hommes qui viennent jeter le cri de détresse et prétendent seuls pouvoir organiser le sauvetage, car ils se disent sauveurs des sociétés, brevetés et patentés par les peureux et les imbéciles.

Ce sont toujours aussi les mêmes moyens qu'ils proposent ; c'était une explosion de liberté qui avait déterminé la catastrophe, la haine et les abus du despotisme qui l'avaient préparée, et ils ne trouvent rien de mieux à conseiller que la compression et l'abdication des droits de tous au profit du messie nouveau dont chacun se fait le précurseur : Hier c'était l'évadé de Ham, le révolté de Strasbourg, l'assassin de Boulogne ; aujourd'hui c'est l'enfant du miracle, le petit-fils de celui qui disait sortir de la légalité pour rentrer dans la charte octroyée et qu'une révolution renvoya en exil. Demain, ce sera peut-être l'arrière petit-fils de Philippe-Egalité ou le fils de l'Espagnole;

et toujours systématiquement, c'est la République qui est la cause des désastres, des ruines, des crimes, et ce sont les républicains qui doivent en porter la responsabilité.

Cela a été toujours ainsi : les républicains sont la personnification de la revendication du droit violé ; ce sont, à ce titre, des gêneurs pour les prétendants et les usurpateurs de tous les régimes.

Lorsque la machine infernale éclata, le premier consul, l'homme de Brumaire, qui comme tous les transfuges, tenait en grande haine les Jacobins, dont il avait été la créature, ne voulut jamais reconnaître que les républicains étaient étrangers à ce crime abominable, qui faillit faire sauter tout un quartier de Paris et fit tant de victimes. Les émissaires de Cadoudal étaient les seuls coupables, mais les royalistes n'étaient pas, selon lui, à craindre, et il fit déporter en masse, sans jugement, tous les républicains dont il avait peur.

C'est ainsi que procède toujours la justice des sauveurs, et c'est ainsi que l'on cherche à envelopper dans la réprobation des crimes qui ont ensanglanté les rues de Paris et épouvanté la France, tous ceux qui affirment hautement leurs convictions républicaines. Si l'on osait, si le sol était mieux raffermi sous les pas de la droite de l'Assemblée, je n'oserais assurer qu'une loi de déportation des républicains en masse, ne serait pas proposée au nom du salut public.

Mais la République est un principe, et l'on ne déporte pas un principe. On peut frapper le porte-drapeau ; il se retrouve toujours quelque main vaillante pour ressaisir la hampe et marcher en avant. La République est comme le soleil, dont la clarté peut être momentanément obscurcie ; l'usurpation que l'entraînement, la peur ou le crime ont commise peut en retarder l'avénement et le développement ; mais elle est impuissante à en conjurer le retour, parce que la République c'est le gouvernement principe, c'est le droit organisé, c'est la lumière, c'est la vie et le mouvement, c'est, en un mot, le règne de la liberté.

Mais, j'ai le regret de le dire, toute usurpation, pour peu qu'elle ait duré quelque temps, laisse après elle dans les intelligences timorées, inquiètes ou affaiblies par l'excès même de l'énervement général, des traces assez profondes pour que les notions de la justice et du droit, la conscience des principes en soient troublées, à ce point qu'on ne reconnaît plus sa route ; alors, de faux pas en chutes, d'inconséquences en concessions irréfléchies on roule sans pouvoir désormais s'arrêter sur la pente de tous les coups d'Etat ou coups de majorité, jusqu'au despotisme contre lequel on avait violemment protesté.

Il faut bien le confesser, les républicains de sentiment ou de tempérament sont bien plus nombreux que les républicains convaincus. De là nos apparentes divisions. Nous portons tous en nous le sentiment du juste et le besoin de la vérité : nous y obéissons en demandant le règne de la justice et de la liberté, mais nous ne nous rendons pas tous compte de ce que sont, au point de vue social, la justice et la liberté. Nous ne les raisonnons pas suffisamment; et c'est ainsi qu'il arrive que d'excelllents républicains, par ailleurs, se trouvent entraînés à exagérer ou forcer les principes auxquels la République emprunte sa force et son autorité ; d'autres, par un désir excessif de conciliation, se laissent aller à faire des concessions qui pourraient compromettre ces principes, s'il était donné aux erreurs humaines d'être assez puissantes pour détrôner l'éternelle vérité.

Les républicains peuvent, en effet, être divisés en quatre grandes catégories :

1. Les républicains par tempéramment, autrement dit autoritaires ne comprenant la République qu'avec le développement immédiat des doctrines et des institutions républicaines par et avec les hommes qui les ont toujours soutenues le plus énergiquement.

2. Les républicains de sentiment ou platoniques qui admettent la légitimité du principe républicain, mais ne sont pas bien convaincus de l'opportunité ou de la possibilité de son application.

Pour ceux-là la monarchie constitutionnelle est un moyen de transition ; et si l'histoire et l'expérience ne leur avaient appris que toute royauté est fatalement condamnée à tomber dans le despotisme, la République ne serait jamais pour eux qu'une vague aspiration.

Aussi les voit-on tout disposés à faire des concessions de forme, pourvu qu'on leur assure que la liberté n'en souffrira pas trop.

C'est pour eux que les pétards dans la

rue, les programmes, les professions de foi et les constitutions ont été inventés ; ils ont leurs poches bourrées de bons billets *à la Châtre.*

3° Les républicains formalistes auxquels le mot suffit et qui, pourvu qu'ils puissent crier sans crainte d'être arrêtés : Vive la République ! n'en demandent pas davantage.

Ils se contentent de l'étiquette et trouvent qu'on est exigeant si l'on demande à vérifier la marchandise.

4° Enfin les républicains de raison et de réflexion qui croient imperturbablement au dogme social de la souveraineté nationale dont le suffrage universel est le premier ministre et la République l'expression gouvernementale.

Partisans quand même du suffrage universel, ils savent s'incliner même devant ses erreurs et devant ses entraînements, mais en ne lui reconnaissant que l'autorité temporaire et passagère de toute volonté humaine essentiellement faillible.

Par suite ils ne veulent pas que l'on ferme la porte à la vérité, à la justice, à la liberté ; ils dénient à la majorité, issue du suffrage universel, le droit de se décla-

rer, à un jour donné, infaillible, et de décréter que le droit, la justice, la liberté ne
peuvent être ailleurs que là où elle les con-
sacrera pour le présent comme pour l'avenir; ils ne veulent pas qu'elle puisse imposer sa volonté aux générations futures, frap-
pées d'impuissance et déchues à jamais du
droit de représenter, à leur tour, la souveraineté nationale.

Je ne parle pas des utopistes, je ne puis
donner le nom de republicains à ces socia-
listes dévoyés qui ne tiennent aucun compte
des passions et des inégalités humaines,
non plus que des devoirs sociaux ; les uns
exagérant le droit de l'individu, en ou-
bliant qu'il est citoyen, les autres prétendant substituer l'état à l'individu, supprimer la personnalité en absorbant le droit
de tous les citoyens au profit d'une vague
impersonnalité.

La liberté n'est pour eux qu'un mot ;
ce ne sont donc pas des républicains.

. . . .

. . . .

Ce sont ces notions si simples du droit
social que je vais essayer de résumer en
les faisant précéder de quelques considéra-
tions générales, que j'emprunte à un ou-

vrage publié par moi, il y a un an à peine, ouvrage dans lequel j'exposais quelques idées de réformes sociales, que l'on traita alors de rêveries, et auxquelles il n'a pas fallu douze mois pour devenir des questions d'une urgente solution.

§ II.

L'homme mieux organisé que les autres animaux, est né libre comme eux. Mais la nature en lui donnant la faculté, que les autres animaux n'ont pas, de communiquer à ses cogénères, au moyen de la parole, ses impressions et sa volonté, l'a fait sociable.

L'intelligence dont l'homme se montre si fier n'est que l'instinct perfectionné par le discernement, la volonté et l'amour.

C'est au discernement et à la volonté qu'il doit sa supériorité ; c'est l'amour qui a fait la famille. La famille a fait la tribu comme la tribu a fait la société, c'est-à-dire l'association d'individus groupés par la nécessité d'une défense commune.

C'est la société qui de l'individu a fait le citoyen.

Les frontières *naturelles* ont fait les *nations ;* l'indépendance assurée par la liberté fait seule les peuples.

Si donc l'homme est né libre, sociable et intelligent, il n'a pu vouloir, en obéissant au sentiment de sociabilité, se dessaisir des droits naturels qu'il portait en lui et qui se résument dans cette trilogie : liberté de pensée, liberté d'action, liberté de manifestation.

Mais le discernement lui a fait bientôt comprendre, lorsqu'il s'est trouvé en présence de ses associés, qu'ils portaient en eux aussi des droits identiques, et que ces droits allaient être en contact ou en lutte avec les siens.

De là, la notion du devoir qui n'est que le respect du droit des autres.

Bientôt la violence, c'est-à-dire l'exagération ou l'abus du droit et l'oubli du devoir chez autrui, lui ont donné, par la douleur qu'il en a ressentie, la notion du juste et de l'injuste, résumée dans cette maxime commune à toutes les nations civilisées :

Ne faites pas aux autres ce que vous ne voudriez pas qu'on vous fît.

La satisfaction causée par le bienfait reçu lui a appris la fraternité :

Faites aux autres ce que vous voudriez qu'on vous fît.

Le malaise et le trouble, que laisse après elle une mauvaise action, lui ont révélé la présence du juge qu'il a pour hôte intime, la conscience.

Toute la morale se trouve résumée dans ces trois faits physiologiques qu'il n'est pas nécessaire de rattacher à d'autres causes premières lorsqu'on se place au point de vue social.

Mais pour assigner les limites de tous les droits appelés à se mouvoir dans les mêmes milieux et pour en prévenir les conflits, c'est-à-dire assurer l'exercice et le respect du droit, il fallait nécessairement un arbitre qui pût réprimer les écarts du droit individuel en lui disant : là est la frontière de ton domaine, tu n'iras pas plus loin.

Cet arbitre modérateur ne pouvait être qu'un des membres de l'association le plus recommandable par sa sagesse, sa force, sa vaillance ou son intelligence — suivant les temps : chef, duc ou monarque ; — et la mission de protection qui lui était confiée avait besoin, pour être efficace, d'avoir à sa disposition des moyens de coërcition au cas de résistance du droit envahisseur.

C'est là le principe de l'autorité.

Or, cette autorité, de qui devait-elle émaner, si ce n'est de ceux-là mêmes qui l'avaient constituée pour qu'elle les protégeât les uns vis-à-vis des autres ?

N'est-ce pas aux vieillards de la tribu, après la dispersion et le développement de la famille, que fut confiée d'abord la protection des intérêts individuels et la gestion des intérêts qui pouvaient être communs ?

N'est-ce pas l'enivrement de la victoire qui consacra la première usurpation, et l'usurpation qui imposa la première dynastie ?

Le droit divin, instrument et complice de l'usurpation religieuse, avait bien essayé de soustraire la royauté dynastique à la responsabilité populaire ; mais les administrés avaient toujours pour eux le droit du plus grand nombre, le droit de la force, et les vieilles dynasties disparaissaient sous le souffle de la colère ou du mépris.

Et toujours et à certaines heures le droit de délégation réapparaissait plus ou moins distinct, tantôt directement sous forme d'acclamation, tantôt indirectement sous forme de sanction approbative, mais comme manifestation et protestation du droit souverain contre lequel ne pouvait prévaloir la longue possession de l'usurpation.

Aujourd'hui, grâce au suffrage universel, le véritable souverain, le peuple a ressaisi l'exercice de son droit de délégation ; la lutte est engagée, et il s'agit de trouver un moyen pour qu'il puisse se mouvoir , en fait, dans sa complète indépendance.

Sans doute, cela obtenu, la lutte ne sera pas entièrement finie ; mais, du moins, elle se transformera ; la revendication n'aura plus besoin de descendre dans la rue ; elle se concentrera dans les comices électoraux, car le suffrage universel, c'est l'évolution substituée à la révolution ; c'est le progrès descendant des hauteurs de la théorie pour entrer dans le domaine de la pratique, y marchant du même pas ferme et mesuré, sans précipitation comme sans fatigue, avançant toujours et ne reculant jamais.

Si l'on a bien compris les principes que nous avons dû rappeler au début de cette étude, le suffrage universel , quelle que soit l'autorité souveraine qu'il représente, ne peut avoir d'autre pouvoir que celui de délégation.

Comment ce pouvoir de délégation doit-il s'exercer ? Comment peut-il s'affirmer, si ce n'est au moyen de l'élection éclairée par la libre discussion du mérite des aspirants à la délégation ? c'est alors la majorité qui décide et désigne les plus dignes de représenter et de défendre les intérêts de tous.

Mais la majorité qui, par la désignation personnelle de son ou de ses représentants, manifeste et impose son avis sur le meilleur mode de gestion des intérêts communs, n'a pas le droit de confisquer à son profit la chose commune en ne tenant aucun compte des droits de la minorité , car la majorité n'est qu'un fait qui peut se déplacer du soir au lendemain ; et par cela même qu'elle ne fait que remettre aux mandataires de son choix la gestion d'intérêts communs entr'elle et la minorité, elle excéderait son droit, en affranchissant ses délégués de tout contrôle et de toute responsabilité. L'élu de la majorité devient, en effet, par l'acceptation du mandat conféré, le représentant en même temps de la mino-

rité et comptable vis-à-vis de tous les mandants sans distinction des intérêts qui lui
ont été confiés au nom de tous par le suffrage du plus grand nombre.

Lorsqu'il s'agit d'une société civile ou
commerciale, est-ce qu'il en est autrement?

Est-ce que le gérant n'est pas choisi par
la majorité des associés ou des action-
naires ?

Est-ce qu'il n'en est pas néanmoins le
représentant, le mandataire de la minorité,
et responsable de sa gestion vis-à-vis de
tous les membres de la société ?

Pour en revenir au droit de la majorité,
il ne saurait jamais, à plus forte raison,
s'étendre jusqu'au pouvoir d'aliéner au
profit de qui ce soit par voie d'abandon,
de transmission, de ratification ou de ma-
nisfestation, une souveraineté dont le suffrage universel, que la majorité représente,
n'est en quelque sorte que l'usufruitier.

Le citoyen n'a pas le droit, pas plus que
l'individu, d'aliéner ce qui constitue sa personnalité, c'est-à-dire sa liberté.

Ce que le citoyen ne peut faire, la majo-
jorité n'a pas le droit de le faire en son
nom.

Le consentement de tous, l'unanimité

des volontés ne pourraient justifier l'abandon en masse d'un droit inaliénable de son essence; le droit de tous ne saurait être d'une autre nature que le droit de chacun dont il se compose.

Et de même qu'il y a, dans l'ordre administratif et social, des choses matérielles destinées à un usage commun et à ce titre incessibles, insaisissables et imprescriptibles, de même il y a dans l'ordre moral, que nous appelons politique, des droits appartenant non-seulement à la génération qui en use, mais aux générations qui sont appelées à en user à leur tour; ces droits composent un domaine public inaltérable, inaliénable, imprescriptible, royaume formé des droits de tous et de chacun, qu'on appelle la souveraineté nationale.

En résumé :

L'homme apporte en société des droits personnels et y rencontre les droits d'autrui.

L'exercice normal de ces droits réciproques s'appelle la liberté.

Le pouvoir modérateur et protecteur de la liberté prend le nom d'autorité ; le pouvoir qui n'est qu'un mandat donné, n'est légitimement constitué que par le libre choix des mandants, possesseurs de droits individuels qui demandent à être protégés.

Ce choix se manifeste, au moyen du suffrage universel, expression de la volonté collective ; c'est la majorité qui affirme cette volonté par la désignation de ses représentants.

La majorité ne dispose pas des droits de la minorité ; l'autorité qu'elle délègue ne peut confisquer ou diminuer les droits individuels ; elle doit au contraire en assurer le complet exercice.

§ III

Voilà les vrais principes, et c'est ainsi qu'on a pu dire que la souveraineté nationale était au-dessus de toute discussion, comme jadis l'était le droit divin, avec cette différence que le droit divin n'était qu'une fiction basée sur la foi catholique, tandis que la souveraineté nationale est une réalité fondée sur la raison et le droit social.

D'où vient donc que les républicains ne sont pas tous d'accord sur les conséquences logiques d'un principe qu'ils reconnaissent tous comme souverain ?

Quelques-uns , républicains de sentiment, après avoir reconnu que la souveraineté nationale était un principe *imprescriptible, inaliénable,* qui peut et doit être défendu au besoin par la lutte armée au cas de *trahison ou de sédition de la part du pouvoir exécutif,* dênient le droit de revendication légale à la minorité, au cas où le pays, librement consulté, commettrait la folie de se donner un maître.

Mais que devient, en ce cas, cette inaliénabilité qui est posée en principe ?

Cette concession n'est-elle pas la réhabilitation de toutes les usurpations auxquelles toutes les majorités se sont . associées depuis le 18 brumaire jusqu'au 2 décembre, de lugubre mémoire ?

N'est-ce pas la justification de cette monstrueuse théorie : la force prime le droit, et n'est-ce pas l'absolution de toutes les oppressions?

Eh quoi ! un droit est inaliénable, imprescriptible, et cependant on concède à une majorité le pouvoir souverain de disposer, au profit du premier venu, de ce droit qui est la propriété de tous et non pas seulement de la majorité !

Mais la majorité n'est qu'un fait accidentel. C'est une force, nous l'avons dit, qui se déplace du soir au lendemain. Les derniers scrutins l'ont bien prouvé ; elle ne peut donc être une puissance sérieuse qu'autant qu'elle porte en elle l'affirmation d'un droit préexistant et qu'elle est la conséquence logique, comme expression, du principe qu'elle est appelée à mettre en action.

C'est à cette seule condition qu'elle peut devenir féconde ; autrement elle pourra renverser, bouleverser, organiser, légaliser même, mais elle ne fondera rien de durable, c'est-à-dire rien qui puisse sans secousses et sans révolutions obéir à la grande loi de l'humanité, le progrès.

Si donc la majorité n'est qu'un fait passager, soumis à l'influence des temps et des milieux, a-t-elle le droit, profitant de son autorité temporaire, de se déclarer infaillible et de décréter que sa volonté de circonstance sera immuable et permanente ? Peut-elle, sans usurpation, l'imposer aux générations à venir, si bien que l'erreur, si erreur il y a, sera désormais la vérité, et que la minorité vaincue se trouvera, à toujours enfermée dans un cercle de fer dont elle ne pourra sortir, devînt-elle la majorité à son tour, que par la violence et l'insurrection, c'est-à-dire la voie extrême d'une révolution ?

Voilà pourtant où conduisent les concessions faites et l'oubli des principes.

Il est vrai qu'on veut bien nous permettre la revendication pacifique et légale.

Mais on oublie de nous dire comment, sous une monarchie, ce droit pourra s'exercer et comment la majorité pourra imposer sa volonté au cas de résistance ?

Qu'on ne dise pas qu'il faut distinguer entre l'usurpation commise par un seul et l'usurpation commise par le nombre ?

Qu'importe dès lors qu'il y a violation du droit ?

Toutes les usurpations ne trouvent-elles pas le moyen de se faire absoudre par des majorités complaisantes ou inconscientes ?

La confiscation sera-t-elle donc plus légitime parce qu'elle profiterait au plus grand nombre au lieu de profiter à une seule ambition personnelle ? Le crime change-t-il de caractère, suivant qu'il est commis par un ou plusieurs ? Est-ce donc une question de chiffres ?

Quoi ! je n'aurai pas le droit d'aliéner

ma liberté, d'enchaîner celle de mes enfants, et ce que je ne pourrai faire, mes cosociétaires le pourront en dehors de moi et malgré mes protestations ?

Mais n'est-ce pas là proclamer le droit du nombre, le droit de la force brutale ?

Sans doute le nombre et la force pourront faire prédominer leur volonté au mépris du droit du faible ; mais il faut que l'on sache et qu'on proclame bien haut que, l'ordre de chose qui en sortirait ne sera jamais qu'un fait brutal qui pourra s'imposer comme la loi du plus fort, devant lequel la minorité sera contrainte de s'incliner, mais en protestant et en laissant toujours ouvert le droit de revendication.

Et c'est quelque chose que le droit qui puise sa force de résistance dans sa légitimité.

C'est lui qui a fait 1830, 1848 et le 4 septembre car, il faut le dire, les gouvernements usurpateurs tombent, sous la faute; les inconséquences ou les crimes de leur origine, on ne les renverse pas.

Et pour invoquer des exemples plus récents, qui peut sérieusement contester que l'insuccès du mouvement du 18 mars dernier ne soit dû précisément à la position

fausse qui lui était faite par le suffrage universel dont, jusqu'à tentative ouverte d'u-
surpation, les seuls représentants étaient à
Versailles ?

Sans doute, une grande partie, sinon la
majorité de l'Assemblée était monarchique;
sans doute, elle ne craignait pas d'afficher
hautement ses prétentions, mais ce n'était
là que des prétentions qui ne s'étaient pas
manifestées par des actes ou même des
tentatives d'usurpation.

Sans doute le coup de main tenté à Mont-
martre par le général Vinoy pour désar-
mer les Parisiens n'était que le prélude du
coup de main monarchique qu'on méditait
à l'Assemblée, mais cela ne constituait pas
une tentative caractérisée de renversement
de la République et suffisante pour mettre
l'Assemblée hors la loi et autoriser Paris à
en proclamer la déchéance.

Aussi on sait ce qui arriva.

Paris, surpris et indigné de la mesure
que le gouvernement avait prise contre lui,
se leva tout entier pour défendre ses ca-
nons, et le gouvernement quitta précipi-
tamment Paris.

Mais pourquoi le mouvement s'arrêta-
t-il et se concentra-t-il à Paris ? Pourquoi

ne se dirigea-t-il pas sur Versailles, où il eût rencontré, d'après les déclarations de M. Thiers lui-même, une armée qui n'avait pas eu le temps de s'organiser et qui était disposée à mettre la crosse en l'air ?

C'est que Paris, qui avait cru pouvoir se constituer en légitime défense, comprit qu'après les justes satisfactions qu'il avait obtenues, aller plus loin, c'était entrer en révolte contre le gouvernement légitime.

Pourquoi plus tard la Commune, qui avait accaparé le mouvement, ne fut-elle ni secondée, ni encouragée par la province ?

Pourquoi enfin pour la première fois le mouvement vainqueur à Paris ne se communiqua-t-il pas sérieusement aux déparments?

N'est-ce pas parce que ce n'était qu'un mouvement isolé, circonscrit à l'intérêt communal de Paris, et qu'il n'y a à pouvoir s'imposer que les insurrections qui s'autorisent du droit de tous violé ?

Supposons un instant, l'Assemblée de Versailles répondant au mouvement de Paris par la proclamation d'Henri V ou de tout autre prétendant. La province se soulevait, une nouvelle révolution était faite.

On me dira que le Prussien l'eût comprimée ; je ne le crois pas.

Un gouvernement se serait improvisé ;
mais à sa tête n'auraient pas craint de se
mettre des noms dont l'honorabilité, l'expérience et la popularité eussent été une
garantie pour notre ennemi, et il n'eût pas
tardé à reprendre les négociations avec les
nouveaux représentants de la France.

C'est donc quelque chose que d'avoir le
droit de son côté ; c'est le droit qui fait la
force des insurrections et qui en en com-
muniquant, avec la rapidité de l'électricité,
les mouvements isolés, les changent en révolutions.

§ IV.

Mais ce qu'il importe, avant tout, c'est
de ne pas laisser s'établir une confusion
faite à dessein par les ennemis de la souveraineté nationale qui semblent accepter le
principe pour en fausser plus aisément les
conséquences.

En dehors des légitimistes qui placent
leur principe au-dessus du suffrage uni-

versel comme procédant du droit divin, et
entendent nous ramener Henri V, l'héritier
des Capet, sans condition aucune, avec
une charte octroyée qu'il imposera à son
bon peuple comme un bienfait, nous avons
les monarchistes bâtards, bonapartistes ou
orléanistes non fusionnés qui ne seraient
pas fâchés de pêcher en eau trouble, et
ceux-là ne dédaignent pas le suffrage universel, mais ils l'accommodent à leurs prétentions.

Ils comptent sur le vote des campagnes ;
ils ne tiennent pas à la qualité, car ils savent que 99 voix d'hommes intelligents
pèsent moins dans la balance du scrutin
que 100 voix d'imbéciles ; et, il faut bien le
reconnaître, ils ont raison en droit, parce
que le nombre est la seule présomption de
vérité que le suffrage universel puisse ad-
mettre.

Partant de là les ennemis de la République nous disent :

« Le suffrage universel est le véritable
juge, l'autorité souveraine, le critérium de
la volonté nationale ; c'est là un principe
dont les républicains ont fait leur drapeau ;
donc il faut reconnaître à la majorité sortie du scrutin, le droit de choisir la forme

du gouvernement qui lui semble le plus propre à sauvegarder les intérêts de tous. »

Admettons, un instant, la thèse des monarchistes ; laissons-les attribuer au suffrage universel une autorité souveraine, qui appartient seulement au principe dont il n'est que l'expression.

La conclusion n'en sera pas moins celle qui doit servir de régle absolue à tout républicain.

La République est nécessaire au suffrage universel comme l'air ambiant est nécessaire à la vie, puisque le suffrage universel ne peut exister, avec sa toute puissance, que dans un milieu républicain, c'est-à-dire lui permettant, régulièrement et sans effort, d'affirmer et de faire prévaloir sa volonté.

Je vais le démontrer :

Le suffrage universel est tout-puissant, soit !

Donc, ajoute-t-on, il est au-dessus de la République...

Ici je distingue : s'il ne s'agit que de la forme à donner au gouvernement républicain, je répondrai : oui.

Mais si l'on conteste et si l'on étend l'affirmation à une autre forme de gouvernement à établir, je réponds immédiatement qu'il ne faut pas circonscrire, en ce cas, la toute-puissance du suffrage universel et limiter sa supériorité au gouvernement républicain, mais l'étendre *à toutes les formes de gouvernement.*

La logique, le bon sens, l'équité l'exigent.

Il faut donc généraliser et poser la question ainsi :

Le suffrage universel est au-dessus de *tous les - gouvernements*, république ou monarchie. Il les domine de toute la puissance de son droit souverain. Quand il parle, il doit être écouté.

On le voit, je n'élude pas la thèse : la monarchie ne s'en portera pas mieux.

Entrons dans le domaine de l'application et il nous y sera facile de démontrer que le principe républicain en sortira triomphant, parce que c'est lui seul qui peut conserver au suffrage universel le libre exercice de la *toute puissance* qu'on lui attribue.

En effet le signe caractéristique, la vertu essentielle de la toute-puissance, c'est de ne pouvoir engendrer une puissance égale ou supérieure.

La toute-puissance est permanente.

Elle ne peut donc s'interdire, s'effacer, se déléguer, s'abdiquer ou se suicider.

Et pourtant les monarchistes ne se tiennent pas pour battu ; ils ajoutent :

Nous reconnaissons cette toute-puissance dominant toutes les formes de gouvernement, mais nous ne pouvons accepter que la volonté du suffrage universel, soumise à tous les caprices des entraînements des foules, vienne, à chaque instant, jeter la perturbation dans les intérêts sociaux que le gouvernement est chargé de protéger ; la volonté se laisse imposer des limites par la raison, et la raison nous apprend que la stabilité est la meilleure garantie que la forme d'un gouvernement puisse donner aux intérêts sociaux.

Je ne crois pas affaiblir l'argument monarchique et j'y réponds :

Comment ! vous reconnaissez que le suffrage universel est tout puissant, mais un seul jour, un seul instant, le temps seulement de se mettre en tutelle et de déclarer qu'il a le droit de s'aliéner au profit de votre majorité d'une heure ! et cela à tout jamais !!

Etrange volonté que celle à laquelle on reconnaît seulement le pouvoir de s'interdire, de s'aliéner !

Mais le code civil caractérise brutalement cette faculté que vous laissez au suffrage universel.

Ce n'est plus là la volonté, c'est la démence, c'est *l'aliénation mentale*.

Non, mille fois non, le suffrage universel ne peut renoncer à son droit souverain ou plutôt au droit souverain dont il n'est que l'expression.

Le mandataire ne peut avoir plus de droits que le mandant, et si la souveraineté nationale est inaliénable, le suffrage universel ne peut, directement ou indirectement, porter atteinte à ce droit inaliénable.

Or, le suffrage universel se personnifie dans la majorité qui, à un jour donné, sort du scrutin, aujourd'hui avec des tendances monarchiques, demain avec une volonté républicaine.

§ V.

Mais qu'adviendrait-il — et nous entrons ici dans le vif de la question — si cette majorité d'un jour, dans le but de perpétuer, à son profit, l'autorité passagère, ne l'oublions pas, qu'elle emprunte au suffrage universel, prétendait imposer à la minorité une forme de gouvernement qui la maintiendrait, pour toujours, au pouvoir et ne permettrait plus à la minorité, au cas où elle deviendrait, à son tour, majorité, de faire reconnaître et d'imposer sa volonté ?

Ne serait-ce pas un abus d'autorité, une usurpation et la négation du principe même qui consacre le droit de la majorité ?

Evidemment oui !

Cela étant, peut-on sérieusement soutenir qu'une monarchie, la plus constitutionnelle qu'on puisse rêver, laissera au suffrage universel le droit de reconnaître qu'il s'est trompé en votant une monarchie et de déclarer qu'il préfère le régime républicain ?

Comment, sans révolution, c'est-à-dire sans un acte de violence devant lequel les plus énergiques reculent souvent, à cause de la perturbation des intérêts sociaux qu'il entraîne, comment le suffrage universel pourra-t-il se faire obéir ?

Comment se débarrasser d'un despote, d'un idiot, d'un parjure, d'un dilapidateur qui aura à ses ordes une armée pour comprimer, un budget pour corrompre, des courtisans et des fonctionnaires à tous étages pour complices ou pour instruments ?

Le roi régnera seulement, dit-on.

Et s'il veut gouverner ? S'il refuse de reconnaître la volonté nouvelle du suffrage universel ? S'il résiste à la majorité que la nation lui envoie à la Chambre, comme Charles X ; s'il mutile, corrompt ou fausse le suffrage universel ou seulement s'il lui défend d'exprimer ses sympathies, quel moyen légal sera ouvert à la majorité pour faire prévaloir sa volonté ?

Ne lui faudra-t-il pas descendre dans la rue, faire appel à l'insurrection, engager la guerre civile ; ou bien la majorité désarmée, comprimée, bâillonnée devra-t-elle attendre l'invasion étrangère pour avoir raison d'une aveugle résistance ?

Mais ne comprend-on pas que la stabilité n'est plus qu'un vain mot, quand elle est rattachée à la volonté d'un seul homme et qu'elle se trouve livrée aux surprises et aux hasards des secousses révolutionnaires ?

La stabilité n'est-elle pas, au contraire, plus assurée par le jeu normal des institutions républicaines dont le mouvement périodique et prévu désarme la violence et permet au progrès de ne pas précipiter sa marche, de procéder par *évolutions* et sans avoir besoin d'avoir recours aux *révolutions*.

N'est-ce pas l'intérêt dynastique et l'ambition personnelle qui perdent les monarchies? N'est-ce pas leur antagonisme avec les intérêts du peuple qui pousse aux aventures et amène les ruines et les conflits?

Il importe donc d'éviter aux gouvernants les tentations du pouvoir et de l'ambition en ne laissant pas à l'un l'espérance de s'éterniser et à l'autre le temps de naître; et serait-ce un paradoxe de soutenir que la stabilité des institutions est garantie par l'instabilité même des pouvoirs qu'elles délèguent aux gouvernants ?

Quel est d'ailleurs, EN DEHORS DE LA REPUBLIQUE, le gouvernement qui, par sa forme, peut assurer au suffrage universel son libre et complet exercice en permettant à l'opinion publique, représentée par la majorité, d'imposer toujours sa volonté sans avoir recours à la violence ?

Je mets au défi les monarchistes les plus constitutionnels d'en indiquer un.

Serait-ce la monarchie du droit divin qui ne reconnaît pas l'autorité du suffrage uni-

versel et ne lui concède que le droit de déclarer qu'il est un produit haïssable de la
révolution et qu'à ce titre il doit disparaître
de nos institutions ?

Henri V promet de le consulter quand il
le jugera convenable, mais comme il est le
représentant du droit divin, il n'a de
compte à rendre qu'à Dieu. .

Serait-ce la monarchie constitutionnelle,
amalgame sans combinaison possible du
droit divin et de la souveraineté nationale,
obligé de mentir à chaque instant à l'un ou
l'autre de ces principes, condamné à l'inconséquence, c'est-à-dire à combattre le
droit divin s'il obéit au principe de la souveraineté nationale ou à supprimer la volonté de la souveraineté nationale, c'est-à-
dire le suffrage universel, s'il cède aux exigences du droit divin?

Là où le suffrage universel n'a que voix
consultative, là où sa voix n'est pas pré-
pondérante et décisive, il n'existe pas : ce
n'est même plus un rouage, c'est un outil
dont les gouvernements se servent, quand
bon leur semble, c'est-à-dire lorsqu'ils ont
un crime à se faire pardonner, ou une
faute à commettre, une grosse aventure à
tenter ; voyez plutôt les deux plébiscites de

l'empire, car au 2 décembre l'empire était fait.

Sous une monarchie constitutionnelle, le suffrage universel n'a pas le droit de faire l'économie d'une liste civile, en supprimant la royauté ; il n'est donc plus souverain ; il est le serviteur alors qu'il devrait être toujours le maître.

Je ne parle pas de l'empire; le césarisme est un fléau, ce n'est pas un gouvernement.

Si donc la République est nécessaire à l'existence, à l'exercice du suffrage universel, si les autres gouvernements en sont la restriction ou la négation, n'est-ce pas avec une apparence de raison que les républicains ont été amenés à résumer le principe de la souveraineté nationale dans cette formule saisissante et vraie comme conséquence :

La République est au-dessus du suffrage universel.

Les masses comprennent peu les vérités abstraites ; vous leur expliquerez vainement, des heures durant, la théorie du mouvement; mais, comme le philosophe, mettez-vous à marcher, elles comprendront.

La souveraineté nationale, c'est le droit

de tous à l'état d'abstraction ; la Republique, c'est l'incarnation, la forme visible et tangible, la démonstration de ce droit dont le suffrage universel est le mouvement.

Est-ce à dire que nous voulons faire de la République un lit de *Procuste* sur lequel nous étendrons toutes les convictions pour les réduire à la même expression ? Irons nous jusqu'à soutenir que la majorité devra se plier malgré elle aux habitudes et doctrines républicaines dont on ferait un programme et dont on poursuivrait l'application suivant le codex ?

Non, sans doute ! ce serait là une atteinte au droit des majorités et un attentat contre la liberté.

La majorité, en prenant le pouvoir, gouvernera selon la volonté des électeurs dont elle est l'expression et la personnification, à la condition toutefois de ne faire aucun acte qui puisse être un attentat vis-à-vis de la souveraineté nationale et une atteinte au suffrage universel dont elle procède.

La majorité gouvernera, elle ne régnera pas; elle devra se considérer comme un mandataire, avec une mission temporaire, et saura qu'elle est, par cela même, soumise à toutes les responsabilités du mandat dont elle devra rendre compte à des époques déterminées par la loi organique.

Ce sera non pas *une République sans républicains*, puisque la République sera le fait et le droit et que les dépositaires de l'autorité administreront au nom de la République, mais le gouvernement de tout le monde, soumis dans sa direction au courant de la majorité changeante et mobile que le suffrage universel lui enverra, aujourd'hui lui apportant des tendances plus ou moins aristocratiques, demain des aspirations plus ou moins démocratiques.

Il n'y aura plus entre la majorité et la minorité qu'une question de nuances, et c'est précisément ce qui constitue la puissance du principe républicain.

Entre les différents partis monarchiques, il y a un abîme.

Entre les républicains, il n'y a, le plus souvent, que des questions d'opportunité ou des mal entendus.

La République est un domaine sans limites, ayant ses frontières toujours ouvertes.

La monarchie, c'est comme la Chine, un royaume fermé où le progrès ne peut pénétrer qu'en forçant les barrières.

La France, dit-on, n'est pas républicaine, soit ; elle le deviendra quand elle comprendra mieux les avantages et la supériorité des institutions républicaines.

En attendant, gardons et maintenons la forme républicaine avec la majorité que nous enverra le suffrage universel.

Les républicains de vieille roche pourront ne pas avoir tout d'abord une influence déterminante au conseil du gouvernement ; ils ne seront pas au pouvoir... Qu'importe, s'ils ont comme moyen de propagande et d'action la liberté de la presse, la liberté de réunion soumises dans leur exercice au régime du droit commun ; la responsabilité des fonctionnaires depuis le chef de l'Etat jusqu'au garde champêtre ; la périodicité, à courte échéance, d'assises populaires, où tous les dépositaires d'une autorité déléguée, si importante qu'elle soit, seront appelés à rendre compte au suffrage universel du mandat qu'ils ont reçu, et à le faire renouveler, s'il est susceptible d'être renouvelé.

Sans doute et dans les premiers temps, la forme républicaine servira de passeport à plus d'un abus monarchique. Les préventious, les préjugés ne désarment pas du soir au lendemain, et des velléités de trahison créeront des embarras à la République ; les hommes du passé, s'ils arrivent au pouvoir, seront exposés par les souvenirs, les traditions, les préventions, les haines et les colères qu'ils n'auront pas eu le temps d'oublier, à la tentation d'abuser du mandat qu'ils auront reçu. La République ne sera d'abord qu'un nom, les idées du passé s'en donneront à leur aise ; mais à chaque pas, elles se heurteront à une inconséquence, et bientôt, rendues plus réservées par la publicité qui les surveille et par la pensée de la responsabilité qui les attend à la sortie du pouvoir, elles chercheront à concilier le passé avec les exigences du présent et les avertissements de l'opinion publique, et elles tenteront de conserver leur influence en faisant des concessions aux idées nouvelles.

Et puis, laissez faire la liberté ; c'est une grande enchanteresse. On a beau dire que la forme n'est rien. La forme, c'est comme l'habit qu'on porte ; l'habitude n'est que l'empreinte laissée par l'habit. N'est-ce pas la plupart du temps le froc qui fait le moine, la soutane le prêtre, l'uniforme le soldat ?

Ainsi, les habitudes, les préjugés, les convictions monarchiques se plieront insensiblement à la forme républicaine, lorsque tout espoir de restauration sera perdu. Les idées de réformes sociales n'effraieront plus autant, et ce ne sera plus entre les partis qu'une question de plus ou de moins de garanties à leur demander, avant d'en faire l'application.

En tous cas, ce qui demeurera acquis, c'est le droit permanent et tout puissant du suffrage universel tenant la porte ouverte au progrès et contraignant le gouvernement républicain à accepter pacifiquement et légalement, par la force et le jeu de ses institutions, toutes les réformes politiques et sociales que l'expérience et l'étude auront recommandées. Nous arriverons ainsi sans secousse et graduellement à la simplification du rouage de l'autorité désignée et révocable, à toutes les améliorations qu'il y aura lieu d'introduire dans l'organisation des forces, dans la répartition des charges et dans le développement des richesses qui forment la base des rapports sociaux.

En résumé que demandent les républicains?

Une place égale à la lumière, sous la

protection du droit et sur un terrain commun, où toutes les convictions soient à l'aise et puissent lutter pacifiquement, au même rang, ayant la liberté pour arme et le suffrage universel pour juge.

Sans doute ils pourront être vaincus, une fois, deux fois; mais ils sont patients parce qu'ils savent que l'avenir leur appartient.

Ils viennent de faire une rude école; ils ne sont pas à bout de leurs épreuves, mais ils s'y sont retrempés et raffermis dans leur foi. Tenus en dehors du pouvoir par les ennemis des idées nouvelles qui sentent l'autorité morale que donnent l'opinion publique leur échapper et qui s'y livrent à toutes les orgies des ambitions désespérées, les républicains attendent le flot qui doit tôt ou tard les y porter; ils se préparent dans le silence et l'étude au rôle que l'avenir leur réserve; ils perdent leurs habitudes d'opposition et se font et se montrent hommes de gouvernement; mais ce qu'ils maintiendront toujours haut et ferme, c'est le drapeau pour lequel ils ont combattu, le drapeau de la souveraineté nationale.

Ils ne sont encore que la minorité, disent les monarchistes coalisés; c'est possible, mais demain ils seront la majorité, car ils portent en eux le principe de vie, et la coalition monarchique, comme toute alliance monstrueuse, est condamnée à se désagréger, puis à s'effacer dans l'impuissance.

Ce qu'ils demandent en résumé, c'est :

1. Le respect de la souveraineté nationale, inaliénable, imprescriptible ;

2. L'exercice libre et permanent du suffrage universel, c'est-à-dire le suffrage universel garanti dans sa volonté mobile par toutes les libertés sans exception qui en sont la sauvegarde, la vie et la protection.

3. L'État, simple mandataire, révocable et responsable.

En un mot, la République, parce que, comme nous l'avons démontré, la République est le seul gouvernement dont la forme puisse se prêter aux évolutions du progrès et préserver des révolutions, en assurant le respect de la souveraineté nationale, l'exercice libre et permanent du suffrage universel et l'avénement du gouvernement des majorités, soumises au mouvement périodique du suffrage universel, au contrôle de la publicité et à la responsabilité de leur mandat temporaire.

Voilà les vrais principes qu'il faut proclamer et vulgariser. Toute concession qui leur porte atteinte est une défaillance ou une défection, car elle mène fatalement à l'anarchie ou au despotisme.

Sans doute il peut venir une heure où la force viendra dominer le droit ; mais il importe que l'on sache bien que la force n'est qu'un fait qui se déplace et ne peut jamais engendrer et primer le droit qu'il ne possède pas. Et si les républicains, dans l'impossibilité de la résistance, sont contraints de subir la violence qui supprime leur droit, ils ne doivent jamais se lasser de protester, dans la mesure de la liberté qui leur est laissée, contre l'usurpation commise.

Il faut que les usurpateurs sachent aussi qu'ils ne détiennent le pouvoir que par la violation du droit de tous, et qu'ils auront beau essayer de légaliser le fait qui les a mis en possession de l'autorité, il lui manquera toujours, quelque soit le temps qu'il ait duré, la consécration de la légitimité ou le bénéfice de l'oubli.

Sans doute la souveraineté nationale et le suffrage universel seront tenus en échec, mais ils resteront debout comme une menace et une protestation. Forts de leur droit éternel, vaincus mais non désarmés et toujours prêts à ressaisir le droit, dont ils ont été dépouillés, ils attendront l'heure de la réparation, par la révolution.

Cette heure sonne tôt ou tard pour les gouvernements qui se fondent ou s'imposent en dehors du droit social, c'est-à-dire au mépris de la justice et de la liberté.

Angers, imprimerie J.-T. Dumont.